Todos los libros de Linkgua Ediciones cuentan con modelos de Inteligencia Artificial entrenados por hispanistas. Pregúntale al chat de tu libro lo que desees acerca de la obra o su autor/a.

Para ebooks: Accede a nuestro modelo de IA a través de este enlace.

Para libros impresos: Escanea el código QR de la portada con tu dispositivo móvil.

Obtén análisis detallados de nuestros libros, resúmenes, respuestas a tus preguntas y accede a nuestras ediciones críticas generativas para una experiencia de lectura más enriquecedora.
La transparencia y el respeto hacia la autoría de las fuentes utilizadas son distintivos básicos de nuestro proyecto. Por ello, las respuestas ofrecen, mediante un sistema de citas, las fuentes con las que han sido elaboradas.

José Rizal

Poemas

Barcelona 2024
Linkgua-ediciones.com

Créditos

Título original: Poemas.

© 2024, Red ediciones S.L.

e-mail: info@Linkgua-ediciones.com

Diseño de cubierta: Michel Mallard.

ISBN rústica ilustrada: 978-84-96428-76-8.
ISBN ebook: 978-84-9897-885-8.

Cualquier forma de reproducción, distribución, comunicación pública o transformación de esta obra solo puede ser realizada con la autorización de sus titulares, salvo excepción prevista por la ley. Diríjase a CEDRO (Centro Español de Derechos Reprográficos, www.cedro.org) si necesita fotocopiar, escanear o hacer copias digitales de algún fragmento de esta obra.

Sumario

Créditos	4
Brevísima presentación	7
La vida	7
Un último poema	7
Mi último adiós	9
Mi primera inspiración	13
Mi retiro	15
Canto del viajero	21
Canto de María Clara	23
Me Piden Versos	25
A las flores de Heidelberg	29
A la juventud filipina	31
Por la educación (Recibe lustre la patria)	33
Libros a la carta	37

Brevísima presentación

La vida

José Protacio Rizal Mercado y Alonso Realonda (19 de junio de 1861, Calamba-30 de diciembre de 1896, Manila), fue patriota, médico y hombre de letras inspirador del nacionalismo de su país.

Rizal era hijo de un próspero propietario de plantaciones azucareras de origen chino. Su madre, Teodora Alonso, fue una de las mujeres más cultas de su época.

La formación de José Rizal transcurrió en el Ateneo de Manila, la Universidad de Santo Tomás de Manila y la de Madrid, donde estudió medicina. Más tarde continuó sus estudios en París y Heidelberg.

Noli me Tangere, su primera novela, fue publicada en 1886, seguida de *El Filibusterismo*, en 1891. Por entonces editó en Barcelona el periódico *La Solidaridad* en el que postuló sus tesis políticas.

Pese a las advertencias de sus amigos, Rizal decidió regresar a su país en 1892. Allí encabezó un movimiento de cambio no violento de la sociedad que fue llamado «La Liga Filipina». Deportado a una isla al sur de Filipinas, fue acusado de sedición en 1896 y ejecutado en público en Manila.

Un último poema

Su obra poética tiene un marcado interés en el mejoramiento humano y en la reflexión política. Confinado en Fuerte Santiago, en Manila, Rizal escribió al término de su vida el poema «Mi último adiós». Se trata de un texto que sobrecoge por su entereza y la sensación que transmite el autor de que un destino íntimo y transcendental por igual lo rige en la hora de la muerte.

Mi último adiós

¡Adiós, Patria adorada, región del Sol querida,
Perla del Mar de Oriente, nuestro perdido Edén!
A darte voy alegre la triste mustia vida,
Y fuera más brillante, más fresca, más fresca, más florida,
También por ti la diera, la diera por tu bien.
En campos de batalla, luchando con delirio
Otros te dan sus vidas sin dudas, sin pesar
El sitio nada importa, ciprés, laurel o lirio,
Cadalso o campo abierto, combate o cruel martirio,
Lo mismo es si lo piden la Patria y el hogar.
Yo muero cuando veo que el cielo se colora
Y al fin anuncia el día tras lóbrego capuz,
Si grana necesitas para teñir tu aurora,
Vierte la sangre mía, derrámala en buen hora
Y dórela un reflejo de su naciente luz
Mis sueños cuando apenas muchacho adolescente,
Mis sueños cuando joven ya lleno de vigor,
Fueron el verte un día, joya del Mar de Oriente
Secos los negros ojos, alta la tersa frente,
Sin ceño, sin arrugas, sin manchas de rubor.
¡Ensueño de mi vida, ardiente vivo anhelo,
Salud te grita el alma que pronto va a partir!
Salud ¡ah qué es hermoso caer por darte vuelo!,
Morir por darte vida, morir bajo tu cielo,
Y en tu encantada tierra la eternidad dormir.
Si sobre mi sepulcro vieres brotar un día
Entre la espesa y yerba sencilla, humilde flor.
Acércala a tus labios y besa al alma mía,
Y sienta yo en mi frente bajo la tumba fría

De tu ternura el soplo, de tu hálito el calor.
Deja a la Luna verme con luz tranquila y suave;
Deja que el alba envíe su resplandor fugaz,
Deja gemir al viento con su murmullo grave,
Y si desciende y posa sobre mi cruz un ave
Deja que el ave entone su cántico de paz.
Deja que el Sol ardiendo las lluvias evapore
Y al cielo tornen puras con mi clamor en pos,
Deja que un ser amigo mi fin temprano llore
Y en las serenas tardes cuando por mí alguien ore
¡Ora también, oh Patria, por mi descanso a Dios!
Ora por todos cuantos murieron sin ventura,
Por cuantos padecieron tormentos sin igual,
Por nuestras pobres madres que gimen su amargura;
Por huérfanos y viudas, por presos en tortura
Y ora por ti que veas tu redención final.
Y cuando en noche oscura se envuelva el cementerio
Y solos solo muertos queden velando allí,
No turbes su reposo, no turbes el misterio
Tal vez acordes oigas de cítara o salterio,
Soy yo, querida Patria, yo que te canto a ti.
Y cuando ya mi tumba de todos olvidada
No tenga cruz ni piedra que marquen su lugar,
Deja que la are el hombre, la esparza con la azada,
Y mis cenizas antes que vuelvan a la nada,
El polvo de tu alfombra que vayan a formar.
Entonces nada importa me pongas en olvido,
Tu atmósfera, tu espacio, tus valles cruzaré,
Vibrante y limpia nota seré para tu oído,
Aroma, luz, colores, rumor, canto gemido
Constante repitiendo la esencia de mi fe.
Mi Patria idolatrada dolor de mis dolores,

Querida Filipinas, oye el postrer adiós.
Ahí, te dejo todo, mis padres, mis amores.
Voy donde no hay esclavos, verdugos ni opresores,
Donde la fe no mata, donde el que reina es Dios.
Adiós, padres y hermanos, trozos del alma mía;
Amigos de la infancia en el perdido hogar,
Dad gracias que descanso del fatigoso día.
¡Adiós, dulce extranjera, mi amiga, mi alegría!
Adiós, queridos seres. Morir es descansar.

Mi primera inspiración

¿Del cáliz dulces olores
las embalsamadas flores
en este festivo día?

¿Se oye dulce melodía
Que asemeja la armonía
De la arpada Filomena?

¿Las aves, al son del viento,
Exhalan meloso acento
Y saltan de rama en rama?

¿Y la fuente cristalina,
Formando dulce murmullo,
Del céfiro al suave arrullo
Entre las flores camina?

Es que hoy celebran tu día
¡Oh, mi Madre cariñosa!
Con su perfume la rosa
Y el ave con su armonía.

Y la fuente rumorosa,
En este día feliz,
Con su murmullo te dice:
¡Que vivas siempre gozosa!

Y, de esa fuente al rumor,
Oye la primera nota,
Que ahora de mi laúd brota
Al impulso de mi amor!

Mi retiro

Cabe anchurosa playa de fina y suave arena
Y al pie de una montaña cubierta de verdor
Planté mi choza humilde bajo arboleda amena,
Buscando de los bosques en la quietud serena
Reposo a mi cerebro, silencio a mi dolor.

Su techo es frágil su suelo débil cana,
Sus vigas y columnas maderas sin labrar;
Nada vale, por cierto, mi rústica cabaña;
Mas duerme en el regazo de la eterna montaña,
Y la canta y la arrulla noche y días el mar.

Un afluente arroyuelo, que de la selva umbría
Desciende entre peñascos, la baña con amor,
Y un chorro le regala por tosca cañería
Que en la cálida noche es canto y melodía
Y néctar cristalino del día en el calor.

Si el cielo está sereno, mansa corre la fuente,
Su cítara invisible tañendo sin cesar;
Pero vienen las lluvias, e impetuoso torrente
Peñas y abismos salta, ronco, espumante, hirviente,
Y se arroja rugiendo frenético hacia el mar.

Del perro los ladridos, de las aves trino
Del kalao la voz ronca solas se oyen allí,
No hay hombre vanidoso ni importuno vecino
Que se imponga a mi mente, ni estorbo mi camino;
Solo tengo las selvas y el mar cerca de mí.

¡El mar, el mar es todo! su masa soberana
Los átomos me trae de mundos que lejos son;
Me alienta su sonrisa de límpida mañana,
Y cuando por la tarde mi fe resulta vana
Encuentra en sus tristezas un eco el corazón.

¡De noche es un arcano!... su diáfano elemento
Se cubre de millares, y millares de luz;
La brisa vaga fresca, reluce el firmamento,
Las olas en suspiros cuentan al manso viento
Historias que se pierden del tiempo en el capiz.

Dizque cuentan del mundo la primera alborada,
Del Sol el primer beso que su seno encendió,
Cuando miles de seres surgieron de la nada,
Y el abismo poblaron y la cima encumbrada
Y doquiera su beso fecundante estampó.

Mas cuando en noche oscura los vientos enfurecen
Y las inquietas alas comienzan a agitar,
Cruzan en aire gritos que el ánimo estremecen,
Coros, voces que rezan, lamentos que parecen
Exhalar los que un tiempo se hundieron en el mar.

Entonces repercuten los montes de la altura,
Los árboles se agitan de confín a confín;
Aúllan los ganados, retumba la espesura,
Sus espíritus dicen que van a la llanura
Llamadas por los muertos a fúnebre festín.

Silva, silva la noche, confusa, aterradora;

Verdes, azules llamas en el mar vense arder;
Mas la calma renace con la próxima aurora
Y pronto una atrevida barquilla pescadora
Las fatigadas alas comienza a recorrer.

Así pasan los días en mi oscuro retiro,
Desterrado del mundo donde tiempo viví,
De mi rara fortuna la providencia admiro:
Guijarro abandonado que al musgo solo aspiro
Para ocultar a todos el mundo que tengo en mí!

Vivo con los recuerdos de los que yo he amado
Y oigo de vez en cuando sus nombres pronunciar:
Unos están ya muertos, otros me han abandonado;

¿Mas qué importa?... Yo vivo pensando en lo pasado
Y lo pasado nadie me puede arrebatar.

Él es mi fiel amigo que nunca me desdora
Que siempre alienta el alma cuando triste la ve,
Que en mis noches de insomnio conmigo vela y ora
Conmigo, y en mi destierro y en mi cabaña mora,
Y cuando todos dudan solo él me infunde fe.

Yo la tengo, y yo espero que ha de brillar un día
En que venza la idea a la fuerza brutal,
Que después de la lucha y la lente agonía,
Otra voz más sonora y más feliz que la mía
Sabrá cantar entonces el cántico triunfal.

Veo brillar el cielo tan puro y refulgente
Como cuando forjaba mi primera ilusión,

El mismo soplo siento besar mi mustia frente,
El mismo que encendía mi entusiasmo ferviente
Y hacía hervir la sangre del joven corazón.

¡Yo respiro la brisa que acaso haya pasado
Por los campos y ríos de mi pueblo natal;
Acaso me devuelva lo que antes le he confiado
Los besos y suspiros de un ser idolatrado,
Las dulces confidencias de un amor virginal!

Al ver la misma Luna, cual antes argentada,
La antigua melancolía siento en mi renacer;
Despiertan mil recuerdos de amor y fe jurada...
Un patio, una azotea, la playa, una enramada,
Silencios y suspiros, rubores de placer...

Mariposa sedienta de la luz y de colores,
Sonando en otros cielos y en más vasto pensil,
Dejé, joven apenas, mi patria y mis amores,
Y errante por doquiera sin dudas, sin temores,
Gasté en tierras extrañas de mi vida de abril.

Y después, cuando quise, golondrina causada,
Al nido de mis padres y de mi amor volver,
Rugió fiera de pronto violenta turbonada:
Vense rotas mis alas, desecha la morada,
La fe vendida a otros y ruinas por doquier.

Lanzado a una pana de la patria que adora,
El porvenir destruido, sin hogar, sin salud,
De toda mi existencia el único tesoro,
Creencias de una sana, sincera juventud.

Ya no sois como antes, llenas de fuego y vida
Brindando mil coronas a la inmortalidad;
Algo serias os hallo; mas nuestra faz querida
Si ya es tan sincera, si está descolorida
En cambio lleva el sello de la fidelidad.

Me ofrecéis, ¡oh ilusiones! la copa del consuelo,
Y mis jóvenes años a despertar venís:
Gracias a ti, tormenta; gracias, vientos del cielo,
Que a buena hora supisteis cortar mi incierto vuelo,
Para abatirme al suelo de mi natal país.

Cabe anchurosa playa de fina y suave arena
Y al pie de una montaña cubierta de verdor,
Hallé en mi patria asilo bajo arboleda amena,
Y en sus umbrosos bosques, tranquilidad serena,
Reposo a mi cerebro, silencio a mi dolor.

Canto del viajero

Hoja seca que cuela indecisa
Y arrebata violento turbión,
Así vive en la tierra el viajero,
Sin norte, sin alma, sin patria ni amor.

Busca ansioso doquiera la dicha
Y la dicha se aleja fugaz:
¡Vana sombra que burla su anhelo!...
¡Por ella el viajero se lanza a la mar!

Impelido por mano invisible
Vagara confín en confín;
Los recuerdos le harán compañía
De seres queridos, de un día feliz.

Una tumba quizá en el desierto
Hallará, dulce asilo de paz,
De su patria y del mundo olvidado...
¡Descanse tranquilo, tras tanto penar!

Y le envidian al triste viajero
Cuando cruza la tierra veloz...
¡Ay, no saben que dentro del alma
Existe un vacío de falta el amor!

Volverá el peregrino a su patria
Y a sus lares tal vez volverá,
Y hallará por doquier nieve y ruina
Amores perdidos, sepulcros, no más.

Ve, viajero, prosigue tu senda,
Extranjero en tu propio país;
Deja a otros que canten amores,
Los otros que gocen; tú vuelve a partir.

Ve, viajero, no vuelvas el rostro,
Que no hay llanto que siga al adiós;
Ve, viajero, y ahoga tu penas;
Que el mundo se burla de ajeno dolor.

Canto de María Clara

Dulces las horas en la propia patria
Donde es amigo cuanto alumbra el Sol,
Vida es la brisa en sus campos vuela,
¡Grata la muerte y más tierno el amor!
Ardientes besos en los labios juegan,
De una madre en el seno al despertar,
Buscan los brazos a ceñir al cuello,
Y los ojos sonríense al mirar.
¡Dulce es la muerte por la propia patria,
Donde es amigo cuanto alumbra el Sol;
Muerte es la brisa para quien no tiene
Una patria, una madre y un amor!

Me Piden Versos

¡Piden que pulse la lira
Ha tiempo callada y rota:
Si ya no arranco una nota
Ni mi musa ya me inspira!
Balbucea fría y delira
Si la tortura mi mente;
Cuando ríe solo miente;
Como miente su lamento:
Y es que en mi triste aislamiento
Mi alma ni goza ni siente.

Hubo un tiempo... ¡y es verdad!
Pero ya aquel tiempo huyó,
En que vate me llamó
La indulgencia a la amistad.
Ahora de aquella edad
El recuerdo apenas resta
Como quedan de una fiesta
Los misteriosos sonidos
Que retienen los oídos
Del bullicio de la orquesta.

Soy planta apenas crecida
Arrancada del Oriente,
Donde es perfume el ambiente,
Donde es un sueño la vida:
¡Patria que jamás se olvida!
Enseñáronme a cantar
Las aves, con su trinar;

Con su rumor, las cascadas;
Y en sus playas dilatadas,
Los murmullos de la mar.

Mientras en la infancia mía
Pude a su Sol sonreír,
Dentro de mi pecho hervir
Volcán de fuego sentía;
Vate fui, porque quería
Con mis versos, con mi aliento,
Decir al rápido viento:
¡Vuela; su fama pregona!
¡Cántala de zona en zona;
De la tierra al firmamento!

La dejé... mis patrios lares.
¡Árbol despojado y seco!
Ya no repiten el eco
De mis pasados cantares
Yo crucé los vastos mares
Ansiando cambiar de suerte,
Y mi locura no advierte
Que en vez del bien que buscaba,
El mar conmigo surcaba
El espectro de la muerte.

Toda mi hermosa ilusión,
Amor, entusiasmo, anhelo,
Allá quedan bajo el cielo
De tan florida región:
No pidáis al corazón
Cantos de amor, que está yerto;

Porque en medio del desierto
Donde discurro sin calma,
Siento que agoniza el alma
Y mi numen está muerto.

A las flores de Heidelberg

¡Id a mi patria, id, extranjeras flores,
Sembradas del viajero en el camino,
Y bajo su azul cielo,
Que guarda mis amores,
Contad del peregrino
La fe que alienta por su patrio suelo!
Id y decid... decid que cuando el alba
Vuestro cáliz abrió por vez primera
Cabe el Neckar helado,
Le visteis silencioso a vuestro lado
Pensando en su constante primavera.
¡Decid que cuando el alba,
Que roba vuestro aroma,
Cantos de amor jugando os susurraba,
Él también murmuraba
Cantos de amor en su natal idioma;
Que cuando el Sol la cumbre
Del Koenigsthul en la mañana dora
Y con su tibia lumbre
Anima el valle, el bosque y la espesura,
Saluda a ese Sol aún en su aurora,
Al que en su patria en el cenit fulgura!
Y contad aquel día
Cuando os cogía al borde del sendero,
Entre ruinas del feudal castillo,
Orilla al Neckar, o a la selva umbría.
Contad lo que os decía,
Cuando, con gran cuidado
Entre las páginas de un libro usado

Vuestras flexibles hojas oprimía.

¡Llevad, llevad, oh flores!
Amor a mis amores
Paz a mi país y a su fecunda tierra,
Fe a sus hombres, virtud a sus mujeres,
Salud a dulces seres
Que el paternal, sagrado hogar encierra...

Cuando toquéis la playa,
El beso os imprimo
Depositadlo en ala de la brisa,
Por que con ella vaya
Y bese cuanto adoro, amo y estimo.

Mas, ay, llegaréis flores,
Conservaréis quizás vuestras colores,
Pero lejos del patrio, heroico suelo
A quien debéis la vida:
Que aroma es alma, y no abandona el cielo,
Cuya luz viera en su nacer, ni olvida.

A la juventud filipina

¡Alza su tersa frente,
Juventud Filipina, en este día!
¡Luce resplandeciente
Tu rica gallardía,
Bella esperanza de la Patria Mía!

Vuela, genio grandioso,
Y les infunde noble pensamiento,
Que lance vigoroso,
Más rápido que el viento,
Su mente virgen al glorioso asiento.

Baja con la luz grata
De las artes y ciencias a la arena,
Juventud, y desata
La pesada cadena
Que tu genio poético encadena.

Ve que en la ardiente zona
Do moraron las sombras, el hispano
Esplendente corona,
Con pía sabia mano,
Ofrece al hijo de este suelo indiano.

Tú, que buscando subes,
En alas de tu rica fantasía,
Del Olimpo en las nubes
Tiernísima poesía
Más sabrosa que néctar y ambrosía.

Tú, de celeste acento,
Melodioso rival Filomena,
Que en variado concierto
En la noche serena
Disipas del mortal la amarga pena.

Tú que la pena dura
Animas al impulso de tu mente,
Y la memoria pura
Del genio refulgente
Eternizas con genio prepotente.

Y tú, que el vario encanto
De Febo, amado del divino Apeles,
Y de natura el manto
Con mágicos pinceles
Trasladar al sencillo lienzo sueles.

¡Corred! que sacra llama
Del genio el lauro coronar espera,
Esparciendo la Fama
Con trompa pregonera
El nombre del mortal por la ancha espera.

¡Día, día felice,
Filipinas gentil, para tu suelo!
Al Potente bendice
Que con amante anhelo
La ventura te envía y el consuelo.

Por la educación (Recibe lustre la patria)

La sabia educación, vital aliento
Infunde una virtud encantadora;
Ella eleva la Patria al alto asiento
De la gloria inmortal, deslumbradora,
Y cual de fresca brisa al soplo lento
Reverdece el matiz de flor ocra:
Tal la educación al ser humano
Buenhechora engrandece con larga mano.

Por ella sacrifica su existencia
El mortal y el plácido reposo;
Por ella nacer vense el arte y la ciencia
Que ciñen al humano lauro hermoso:
Y cual del alto monte en la eminencia
Brota el puro raudal de arroyo undoso;
Así la educación da sin mesura
A la patria do mora paz segura.

Do sabia educación trono levanta
Lozana juventud robusta crece
Que subyuga el error con firme planta
Y con nobles ideas se engrandece:
Del vicio la cerviz ella quebranta;
Negro crimen ante ella palidece:
Ella domina bárbaras naciones,
Y de salvajes hace campeones.

Y cual el manantial que alimentando
Las plantas, los arbustos de la vega,

Su plácido caudal va derramando,
Y con bondoso afán constante riega
Las riberas do vase deslizando,
Y a la bella natura nada niega:
Tal al que sabia educación procura
Del honor se levanta hasta la lectura.

De sus labios la aguas cristalinas
De célica virtud sin cesar brotan,
Y de su fe las próvidas doctrinas
Del mal las fuerzas débiles agotan,
Que se estrellan cual olas blanquecinas
Que la playas inmóviles azotan:
Y aprenden con su ejemplo loas mortales
A trepar por las sendas celestiales.

En el pecho de míseros humanos
Ella enciende del bien la viva llama;
Al fiero criminal ata las manos,
Y el consuelo en los pechos fiel derrama.
Que buscan sus benéficos arcanos;
Y en el amor de bien su pecho inflama:
Y es la educación noble y cumplida
El bálsamo seguro de la vida.

Y cual peñón que elevase altanero
En medio da las ondas borrascosas
Al bramar del huracán y noto fiero,
Desprecia su furor y olas furiosas,
Que fatigadas del horror primero
Se retiran en calma temerosas;
Tal es el que sabia educación dirige
Las riendas de la patria invicto rige.

En zafiros estállense los hechos;
Tribútele la patria mil honores;
Pues de sus hijos en los nobles pechos
Transplantó la virtud lozanas flores;
Y en el amor del bien siempre deshechos
Verán las gobernantes y señores
Al noble pueblo que con fiel ventura
Cristiana educación siempre procura.

Y cual de rubio Sol de la mañana
Vierten oro los rayos esplendentes,
Y cual la bella aurora de oro y grana
Esparce sus colores refulgentes;
Tal noche instrucción, ofrece ufana
De virtud el placer a los vivientes,
Y ella a nuestra cara patria ilustre
Inmortal esplendor y ilustre.

Libros a la carta

A la carta es un servicio especializado para
empresas,
librerías,
bibliotecas,
editoriales
y centros de enseñanza;
y permite confeccionar libros que, por su formato y concepción, sirven a los propósitos más específicos de estas instituciones.

Las empresas nos encargan ediciones personalizadas para marketing editorial o para regalos institucionales. Y los interesados solicitan, a título personal, ediciones antiguas, o no disponibles en el mercado; y las acompañan con notas y comentarios críticos.

Las ediciones tienen como apoyo un libro de estilo con todo tipo de referencias sobre los criterios de tratamiento tipográfico aplicados a nuestros libros que puede ser consultado en www
inkgua-digital.com.

Linkgua edita por encargo diferentes versiones de una misma obra con distintos tratamientos ortotipográficos (actualizaciones de carácter divulgativo de un clásico, o versiones estrictamente fieles a la edición original de referencia).

Este servicio de ediciones a la carta le permitirá, si usted se dedica a la enseñanza, tener una forma de hacer pública su interpretación de un texto y, sobre una versión digitalizada «base», usted podrá introducir interpretaciones del texto fuente. Es un tópico que los profesores denuncien en clase los desmanes de una edición, o vayan comentando errores de interpretación de un texto y esta es una solución útil a esa necesidad del mundo académico.

Asimismo publicamos de manera sistemática, en un mismo catálogo, tesis doctorales y actas de congresos académicos, que son distribuidas a través de nuestra Web.

El servicio de «libros a la carta» funciona de dos formas.

1. Tenemos un fondo de libros digitalizados que usted puede personalizar en tiradas de al menos cinco ejemplares. Estas personalizaciones pueden ser de todo tipo: añadir notas de clase para uso de un grupo de estudiantes, introducir logos corporativos para uso con fines de marketing empresarial, etc. etc.

2. Buscamos libros descatalogados de otras editoriales y los reeditamos en tiradas cortas a petición de un cliente.

www.ingramcontent.com/pod-product-compliance
Lightning Source LLC
Chambersburg PA
CBHW032106040426
42449CB00007B/1208